Pensées

D'UN ESPRIT DROIT,

ET

Sentimens

D'UN CŒUR VERTUEUX.

PAR J. J. ROUSSEAU.

OUVRAGE INÉDIT,

IMPRIMÉ SUR LE MANUSCRIT AUTOGRAPHE DE L'AUTEUR;
SUIVI D'UN AUTRE OPUSCULE DE ROUSSEAU, INTITULÉ:
MŒURS, CARACTÈRE.

> « Les lettres avaient été enlevées... Ce début
> « bien écrit..., je remarquai, dans la multitude
> « de mes papiers, comme ayant été retiré, le
> « brouillon de la *Morale sensitive*, etc. »
> CONFESSIONS, liv. XII, ann. 1767.

A PARIS,

CHEZ FOURNIER-FAVREUX, LIBRAIRE,
QUAI DES AUGUSTINS, N° 43.

1826.

Je fais observer à Monsieur
Taschereau que ces remarques ont été
écrites dans le premier moment, **ab
irato**, parceque la thèse me paraissait
si absurde que je ne pouvais supposer
l'auteur de bonne foi —

Conséquemment que ces remarques
n'avent ... moi seul et que je ne
puis les communiquer qu'à un très petit
nombre de ceux à qui je n'ai rien à refuser.

Ergo tibi soli

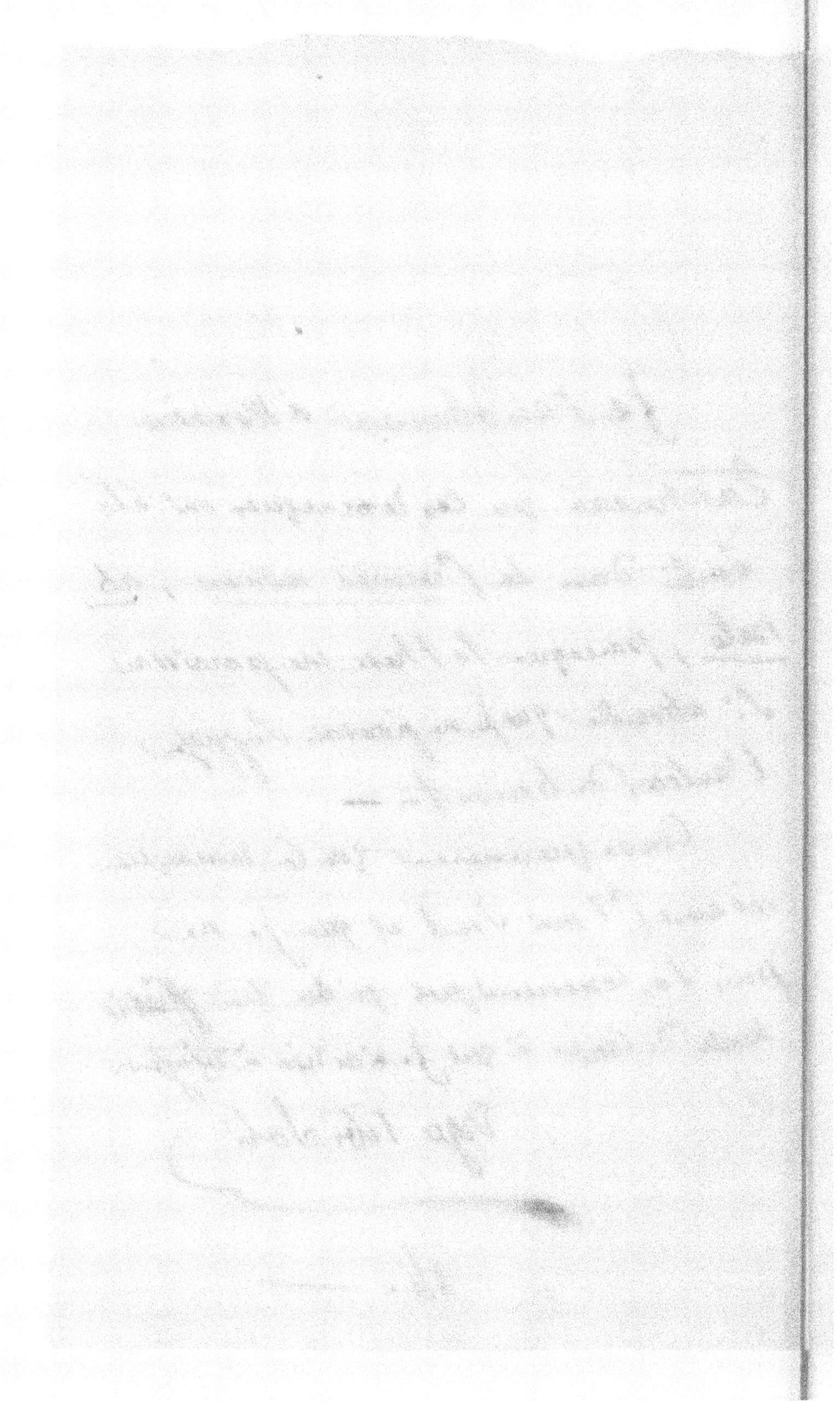

à Monsieur Démussel

L'Editeur.

Reçu le 18 juin 1826. Les notes sur le titre, l'avertissement
et les _mœurs et caractères_ (P. 62) ont été faites sur le champs.
Quand j'aurai le temps j'en ferai, s'il y a lieu, sur
les _Pensées_ elles... 18 juin 1826.

Pensées

D'UN ESPRIT DROIT,

ET

Sentimens

D'UN CŒUR VERTUEUX.

M. l'Editeur a fait de temps en temps
des rapprochements qui feraient soupçonner qu'il
n'est pas loin d'accuser Rousseau de plagiat.
mais 1° il y a toujours une grande différence entre
l'expression de la pensée de J.J et celle de la
pensée qu'on rappelle; 2° Rousseau n'a jamais donné
ces pensées comme _siennes_ ; n'a jamais eu l'intention
de les publier. Ce sont des pensées _à son usage_

IMPRIMERIE DE MADAME DE POTHET,
rue de Lailarpe, n° 6.

D'UN ESPRIT DROIT,

ET

Sentimens

D'UN CŒUR VERTUEUX.

PAR J. J. ROUSSEAU.

OUVRAGE INÉDIT,

IMPRIMÉ SUR LE MANUSCRIT AUTOGRAPHE DE L'AUTEUR;
SUIVI D'UN AUTRE OPUSCULE DE ROUSSEAU INTITULÉ :
MŒURS, CARACTÈRE.

> « Les lettres avaient été enlevées... Ce délit
> « bien avéré..., je remarquai, dans la multitude
> « de mes papiers (comme ayant été volés) le
> « brouillon de la *Morale sensitive*, etc. » *

CONFESSIONS, *liv.* XII, ann. 1763.

A PARIS,

CHEZ FOURNIER-FAVREUX, LIBRAIRE,
QUAI DES AUGUSTINS, N° 43.

1826.

* Le choix de ce passage pour épigraphe, ferait
croire qu'il y a quelque liaison entre les *Pensées* et le projet
de la *Morale Sensitive*. Il n'en existe aucune et, pour s'en
convaincre, il suffit de se rappeler le langage que tient J. J.
sur cet ouvrage qu'on ne saurait trop regretter. Voyez ma
note page 10.

Avertissement.

Un manuscrit inconnu de J. J. Rous- *
seau :... quelle découverte pour la litté-
rature française ! et quel éveil pour les
amis de ce grand écrivain !

Mais, d'où vient ce manuscrit ?

Pourquoi Rousseau ne l'a-t-il pas
publié ? *

Comment est-il resté si long-temps
inédit ? *

Est-il authentique ? *

Je réponds à ces quatre questions,
en commençant par la dernière :

Le manuscrit de Rousseau est *autographe* : il est déposé chez le libraire-
éditeur, où les curieux peuvent le voir
et l'examiner. *

** c'est à dire écrit entièrement de sa main*

** voyez la note au bas de la page la fait entendre.*

** par l'une des mille et une chansons qu'elles sont ex-posés les manuscrits ; parceque celui-ci n'était pas entre les main d'un amateur avant déposé dans celle de Mr. Ollivier, ou, parcequ'on a cru, comme moi que rien ne prouve que toutes les prétendues sienne de Rousseau.*

** c'est à dire autographe ? oui :*

** je l'ai vu entre les mains de l'éditeur : j'ai pensé qu'il n'était point un ouvrage de Rousseau, (quoiqu'entièrement de son écriture que j'ai parfaitement le connaître) mais, un recueil à son usage de pensées, qu'il jugeait devoir lui être utiles, et, pour cela, qu'il avait écrit... avec soin pour se les rappeler d'un coup d'œil. Ils n'est, pour ainsi dire, personne qui n'ait fait un pareil recueil. toutes les pensées de celui-ci sont-elles de j. j. ? je ne le crois pas : mais il y en a bien certainement : il se les est toutes appropriée, pouvant le saisir, puisque c'était pour son usage particulier, et ne prévoyant point ce qui est arrivé. qu'on les publierait toutes, un jour, et que toutes lui seraient attribuées.*

Je pourrais m'arrêter ici, les trois autres questions devant tomber devant cet examen; et si je les reprends, c'est dans le seul but de donner quelques éclaircissemens historiques sur le manuscrit, et d'expliquer comment l'auteur n'a pu le publier.

Pourquoi est-il resté si long-temps inédit? C'est interroger la destinée des hommes et de leurs ouvrages. Parmi tant d'exemples que je pourrais citer de livres ou perdus à jamais, ou restés inconnus dans une longue suite de siècles, je me bornerai à rappeler que les fables de Phèdre*, affranchi d'Auguste, étaient encore ignorées, dans la république des lettres, à la fin du seizième siècle, lorsqu'elles furent trouvées par François Pithou, à Reims, dans la Bibliothèque de Saint-Remi, et pour la première fois publiées en 1596.

Pourquoi Rousseau n'a-t-il pas publié son ouvrage ? Ce n'est point parce qu'il le jugeait indigne de voir le jour : c'est parce qu'il l'avait perdu, avec beaucoup d'autres papiers, en 1762, lorsque poursuivi par un arrêt du Parlement de Paris, il fut précipitamment obligé de fuir en Suisse, après la publication d'*Emile* : c'est que ce manuscrit et d'autres papiers ne lui ont jamais été rendus.

Il rapporte, dans le onzième livre de ses *Confessions* (année 1762), qu'en fuyant, il laissa ses papiers sous la garde du maréchal de Luxembourg, et dans son hôtel. Il raconte, dans le livre suivant (1763), que ses livres et ses papiers lui ayant été renvoyés à Motiers, où il s'était retiré, il s'aperçut, en les exa-

minant , de là disparution de « nombre
« de Lettres de Diderot, de Deleyre,
« de madame d'Épinay , de madame de
« Chenonceaux, etc.... J'avais vu, ajoute-
« t-il, le maréchal prendre la clef de la
« chambre où je les avais déposés..... je
« vis que le vide était bien réel, et que
« les Lettres avaient été bien certai-
« nement enlevées..... Ce déficit bien
« avéré, me fit chercher parmi mes
« brouillons, si j'en découvrirais quel-
« qu'autre ; j'en trouvai quelques-uns
« qui, vu mon défaut de mémoire, m'en
« firent supposer d'autres dans la mul-
« titude de mes papiers. Ceux que je
« remarquai furent le brouillon de la
« *Morale sensitive* , etc..... Tout ce qui
« me vint de plus raisonnable à l'esprit,
« après m'être fatigué long-temps à
« chercher l'auteur de ce vol, fut de

teurs de l'honneur de la philosophie : honneurs étrange à cette discussion. une armée, un régiment ne sont point déshonorés par ceux qui manquent de courage; et une cour n'est point déshonorée par la félonie d'un magistrat; la morale ne l'est pas plus que la philosophie, par la contradiction en de la conduite de ceux qui, enseignant l'une et l'autre, ne pratiquent ni l'une, ni l'autre.

« l'imputer à d'Alembert, qui, déjà
« faufilé chez madame de Luxembourg,
« avait pu trouver les moyens de fureter
« les papiers, et d'en enlever ce qui lui
« avait plu tant en manuscrits qu'en
« Lettres, soit pour chercher à me sus-
« citer quelque tracasserie, soit pour
« s'approprier ce qui lui pouvait con-
« venir. Je supposais qu'abusé par le
« titre de la *Morale sensitive*, il avait
« cru trouver le plan d'un vrai traité de
« matérialisme, dont il aurait tiré contre
« moi le parti qu'on peut bien s'ima-
« giner. »

L'accusation contre d'Alembert est sans doute une des nombreuses *rêveries* de Jean-Jacques, et il faut le croire pour l'honneur de la philosophie.* On peut donc ne pas reconnaître le voleur, mais le vol lui-même ne peut être ré-

* D'Alembert fit insérer à la fin de l'exposé *succinct* de David Hume, en 1765, une déclaration par laquelle il assurait être étranger à la traduction et publication de cet exposé, et exprimait en même temps de dispositions bienveillantes pour J. J.
En 1820, on a fait paraître à Londres *Private Correspondance of D. Hume*. c'est un recueil de lettres trouvé dans les papiers de Hume. Il y en a de mesd. de Boufflers et de Barbantane qui reprochent à l'historien de s'être adressé à *d'Alembert* pour son *exposé* contre R. comme moyen de le faire connaître plus rapidement, en l'adressant à un homme aussi répandu que le secrétaire perpétuel de l'académie. Enfin il y a une lettre de Hume lui-même qui remercie d'Alembert non seulement d'un soin qu'il a donné à la publication de l'exposé, mais de la supposition qui avait fait de d'injures grossières qui ne paraissaient faire de l'art qu'à lui David Hume. J'ai, dans l'hist. de J. J. R. article d'Alembert fait voir les plagiats littéraires et *musicaux*, du philosophe, n'en déplaise aux ama-

voqué en doute. Le titre de *Morale sensitive* a quelques rapports avec les *Sentimens d'un cœur vertueux*, et il est vraisemblable que ces *sentimens* faisaient partie de la *Morale sensitive*.

D'où vient enfin ce manuscrit? Maintenant la réponse est facile: il vient de l'hôtel de Luxembourg, où il fut laissé, volé, perdu pour Rousseau, en 1762. Il a dû passer depuis en plusieurs mains, sans que l'auteur ait été reconnu; M. Tessier, mort récemment, sous-chef de division aux archives des Affaires étrangères, l'avait réuni à d'autres manuscrits autographes de divers écrivains; et c'est de son cabinet qu'après plus de soixante ans, il est passé dans le mien.

Voilà ce que je sais de l'histoire du manuscrit: le manuscrit répondra lui-

même pour tout le reste : il est autographe ; et ne le fût-il pas, qui pourrait,
en le lisant, méconnaître son auteur ?
Quand Rousseau traite des vertus, des
vices, des passions, il peint toujours
l'homme comme il se voit, ou comme
il avait le malheur de le voir dans ses
amis et dans ses ennemis.*

Rousseau paraîtrait avoir voulu faire
un traité de morale complet. L'ouvrage
n'est point entier : les quatre premières
pages manquent, et rien n'annonce
qu'il soit terminé. Mais c'est un recueil
inédit de soixante-seize *pensées* ou *sentimens* de Jean-Jacques ; et quoiqu'il ait
pu, dans la suite, reproduire les mêmes
idées* ce n'en est pas moins la publication d'un de ses manuscrits perdus, et*
que j'ai eu le bonheur de retrouver.*

Je joins à cette publication, celle

[Notes manuscrites en marge :]

* Certes, il y a peut-être d'un
peintre à l'on ne reconnaît
point le Style de R. —

* Ne dirait-on
pas que R. n'a peint
l'homme que d'après
lui Rousseau ou d'après
ses amis ?

* assertion très
hasardée

* ou transcrite
par lui.

* il l'a fait pour une
partie

* mais non son ouvrage.

* il n'était pas plus perdu dans la collection d'autographes de M. Tassin que ne le sont les autographes
de M. Villenave qui, en véritable connaisseur, en
a peut-être le recueil le plus abondant. mais il était perdu
pour le public. la manie d'avoir Seul et Sans vouloir
qu'il soit imprimé, un manuscrit autographe, est
nuisible. c'est celle d'un égoïste. La Société des Biblio-
philes mérite ce reproche. elle se distingue par le privilège de l'exclusibilité : triste privilège qui concentre les
jouissances. je connais quelques membres qui ne partagent
point ce vice et je leur en fais mon compliment.

d'un autre opuscule où Rousseau se peint à nu, avec ses vices et ses défauts : ce sont des notes écrites, à diverses époques, sur un brouillon, avec ce titre : *Mœurs, caractère.* (*)

Comme toutes, ou presque toutes ces notes sont entrées, avec des variantes, dans le texte des *Confessions*, j'ai cru devoir placer ce texte en regard. On pourra connaître ainsi comment l'illustre écrivain retravaillait les idées qu'il avait jetées sur le papier, à mesure qu'elles se présentaient à son esprit, sans ordre et sans suite ; on verra qu'il les conservait pour les encadrer dans ses ouvrages, quand leur place pouvait naturellement s'y trouver.

Paris, le 26 novembre 1825.

VILLENAVE.

(*) M. Villenave a eu la bonté de mettre en regard les passages des Confessions auxquels la note correspondant. (P. 62) Ce ne sont que des répétitions et le petit nombre de variantes n'est d'aucune importance.

PENSÉES

D'UN ESPRIT DROIT, ✳

ET

SENTIMENS

D'UN COEUR VERTUEUX. ✳

I.

On pense assez généralement qu'il est moralement impossible d'être heureux ; et à en juger par mon expérience, je serais de cette opinion. Cependant mes réflexions commencent à me convaincre que le bonheur n'est pas une chimère, lorsqu'on le cherche dans son propre intérieur, et non hors de soi.

Il faut, pour le trouver, n'avoir aucun reproche à se faire, et voir les défauts

✳ ✳ Ce titre me fait présumer que ces fragments furent écrits à l'époque où J. J. ayant renoncé à la justice des hommes, crut pouvoir et devoir se la faire à lui-même. Conséquemment après sa fuite de Montmorency, où; dans cette hypothèse, il ne put laisser le manuscrit. je me contente de détruire la conjecture de M. de P. sans prétendre la remplacer par une autre.

et les vices des hommes, sans leur en vouloir plus de mal.

Il ne faut haïr personne, parce que la haine est un tourment pour celui qui entretient cette passion dans son cœur. Il suffit de mépriser et de tolérer les méchancetés et les ridicules.

II.

Si, lorsque je me suis aperçu, pour la première fois, que j'étais trahi, j'avais eu la force de renoncer à la personne qui m'avait trompé, je me serais épargné à moi-même des reproches et à elle de nouveaux crimes. Mais j'ai voulu des explications; elle m'a donné des assurances dont j'ai encore été sottement la dupe, et je lui ai fait ajouter des mensonges multipliés à la perfidie dont elle était coupable. ✳

✳ Ce reproche [illegible] à Grimm qui
lamentait plus que Diderot. [illegible]

III.

C'est bien assez d'avoir contre moi mes remords pour le passé ; il faut du moins m'épargner le mépris de moi-même pour l'avenir (1).

IV.

Quand on n'agit que par le bas motif de l'amour de l'argent, on ne met jamais dans ses actions aucune vérité, ni dans son zèle aucun véritable attachement.

V.

Il n'y a qu'un moyen assuré pour détruire dans son cœur une passion aussi violente que l'amour : c'est de se séparer de la personne qui en est l'ob-

______

(1) Que Rousseau était à plaindre! et quelle *confession* il faisait déjà de lui-même! ✳

✳ ces remords sont évidemment produits par le souvenir du ruban volé ; souvenir qui l'a poursuivi toute la vie et dont l'expression lui échappe jusque dans le Contrat Social lorsqu'il parle de la peine de mort. Cette confession qu'il fait déjà de lui-même, ne pouvait être faite que par un homme timoré, incapable de commettre un crime), puisqu'il s'est tant tourmenté pour le ruban et l'imputation calomnieuse faite à la jeune Marion. ainsi le déjà de l'éditeur demandait un correctif d'autant plus qu'il suppose la connaissance de l'époque où cette passion s'est éveillée.

jet. Sa présence est un aliment continuel qu'on fournit à un feu mal éteint.

VI.

On vous accablera de protestations d'attachement et de reconnaissance, tandis qu'on attendra quelque chose de vous; mais, si l'on croit n'avoir plus rien à espérer, on vous abandonnera sans pudeur et sans regret (1).

VII.

Les lois divines et humaines ont établi, entre des gens mariés, la supériorité de l'homme et la dépendance de la femme. Mais, pour engager celle-

(1) Donec eris felix multos numerabis amicos;
Tempora si fuerint nubila, solus eris.

OVIDE.

ci à se soumettre sans répugnance, il faut que le mari n'en exige rien qui ne soit raisonnable.

Rien n'est plus dangereux que l'autorité en des mains qui ne savent pas en faire usage.

VIII.

L'orgueil est le vice qu'on pardonne le moins; il blesse essentiellement l'amour-propre. L'orgueilleux ne peut être ni affable ni reconnaissant. Ce n'est qu'en nous abaissant qu'il cherche à satisfaire sa hauteur.

On redoute l'orgueil des grands seigneurs, parce qu'ils peuvent nuire. On méprise celui des personnes sans crédit et sans pouvoir, parce que leur sotte fierté ne peut porter préjudice à personne.

IX.

Le commerce de la vie civile exige
des secours mutuels et des complai-
sances réciproques. Ne vouloir jamais
prendre sur soi et toujours sur autrui,
est le projet le plus injuste et le plus
extravagant.

X.

Sans religion, il ne peut y avoir ni
vraie probité ni bonheur solide (1).

Mais peu de gens ont une idée juste
de la religion. On la fait ordinairement
consister dans des pratiques extérieu-
res, et l'on ne remplit aucun des de-

(1) Effets admirables ! la religion chrétienne, qui
semble n'avoir d'objet que la félicité de l'autre vie,
fait encore notre bonheur dans celle-ci.

MONTESQUIEU.

voirs essentiels qu'elle prescrit. Il faut sans doute observer les préceptes de l'Église, mais ne pas s'imaginer qu'en assistant au service divin, et en marmotant quelques prières où le cœur n'est pour rien, on a tout fait.

On n'a de religion qu'autant qu'on ne fait pas contre les autres ce que nous ne voudrions pas qu'ils fissent contre nous, et qu'on fait pour eux ce qu'on voudrait qu'ils fissent pour nous.

La véritable religion, c'est la vérité, la charité, la bienfaisance, l'humilité, la douceur dans le caractère et dans les procédés. Tout exercice de religion qui n'est pas fondé sur cette base, n'est qu'illusion et hypocrisie.

2.

XI.

Les gens qui ne pardonnent jamais rien aux autres, prétendent qu'on leur pardonne tout (1).

Il faudrait, pour vivre en paix, ne s'offenser de rien, et n'offenser personne.

XII.

L'amitié est le trésor le plus précieux et le plus rare de la vie. Un véritable ami partage mes plaisirs et mes peines; il tolère mes défauts, et n'a point de lâche complaisance pour eux. Il ne me fait point de protestations continuelles de zèle, mais il me marque, dans toutes ses actions, un tendre et sincère

(1) Lynx envers nos pareils, et taupes envers nous,
  Nous nous pardonnons tout, et rien aux autres hommes.

LA FONTAINE.

attachement. C'est mon intérêt qu'il désire, et qu'il cherche préférablement au sien (1).

XIII.

Quand on approche de la vieillesse, il ne faut s'occuper que du soin de faire un meilleur usage du temps qui reste à vivre, qu'on n'a fait de celui qu'on a vécu, et ne songer à son existence que pour se préparer à la perdre bientôt (2).

XIV.

Quand on n'aime que soi, et ce sen-

(1) Qu'un ami véritable est une douce chose !
Il cherche vos besoins au fond de votre cœur :
De vous épargne la pudeur
De les lui découvrir vous-même.
La Fontaine.

(2) Qui n'a point l'esprit de son âge,
De son âge a tout le malheur. *le rapprochement est bien peu naturel.*

timent n'est que trop commun, on est
à charge aux autres, et l'on n'est utile
à personne.

XV.

Les caractères fiers et opiniâtres
sont également incapables et de donner et de recevoir conseil : ils ne sui-
vent que les impressions de leur mauvaise tête et de leur mauvais cœur.

XVI.

C'est la force de la passion qui fait
beaucoup plus souvent des dupes en
amour que la faiblesse de l'esprit.

XVII.

Quand on est déterminé à rompre
avec une personne qu'on a aimée, il
ne faut point réfléchir ni sur sa réso-

lution , ni sur les motifs qui engagent à la prendre : il faut s'occuper de toute autre chose que de ce qui a rapport à l'objet aimé. Cette division affaiblira la passion et donnera du courage et des forces pour la vaincre entièrement et sans retour. On n'est radicalement guéri que quand on ne désire et qu'on ne craint plus rien à cet égard.

XVIII.

Les femmes , pour la plupart, ressemblent aux énigmes : elles occupent quand on ne les devine point; mais dès qu'elles sont connues, elles cessent de plaire (1).

(1) Aucun écrivain n'a dit plus de mal des femmes (*) que Rousseau, et aucun écrivain n'a excité plus d'enthousiasme parmi les femmes : c'est qu'il avait beaucoup aimé.

(*) et plus de bien ; ce qui explique l'enthousiasme.

XIX.

Les biens et les maux que le sage éprouve, contribuent à sa perfection. C'est ainsi que le soleil et la pluie concourent à fertiliser la terre.

XX.

Quand on est fier et opiniâtre, ce n'est pas faute de lumières et de connaissances, mais par défaut de sentiment. On a quitté le chemin de la raison, de la justice et de la reconnaissance; une fausse honte empêche d'y rentrer, et plus on attend, plus on se cabre contre la vérité et la décence. Le parti le plus sage à prendre avec des personnes de ce caractère, est de garder le silence, et de les laisser revenir d'elles-mêmes, si la dépravation du cœur ne

les entretient pas absolument dans leur
obstination.

XXI.

L'étourderie fait parler et agir sans
réflexion. Si les personnes qui ont ce
défaut, voulaient bien se rappeler tout
ce qu'elles ont dit et fait, elles seraient
humiliées des imprudences, des indis-
crétions et des écarts dont elles se sont
rendues coupables.

L'étourdi parle toujours de travers,
et n'écoute jamais ce qu'on lui dit, ou
l'entend mal.

XXII.

Rien n'est si bas et si lâche que de
chercher à se justifier par le mensonge.
Un menteur est l'objet du mépris public, et il contracte, par l'habitude de

vouloir tromper les autres, celle de se tromper lui-même.

Nous tenons les uns aux autres par la parole, qui doit être l'interprète de nos pensées et de nos sentimens; mais si elle a perdu tout crédit et toute confiance, tous les liens de la société et du commerce de la vie sont rompus.

La vérité même passe pour une imposture dans la bouche du menteur (1).

XXIII.

Rien ne doit être plus précieux qu'une bonne réputation (2). On croirait tout

---

(1) Quicumque turpi fraude semel innotuit,
Etiamsi verum dicit, amittit fidem.

PHÈDRE, fab. x.

(2) La bonne réputation, a dit un moraliste, est le plus magnifique tombeau que l'on puisse avoir. Mais il est plus aisé de perdre une bonne réputation que de la conserver.

le contraire à en juger par la facilité
avec laquelle des hommes la sacrifient
à un vil intérêt.

XXIV.

Quand on examine la manière dont
les hommes et les femmes vivent les
uns avec les autres, on est tenté de
penser qu'ils ne sont créés que pour
se tourmenter et se détruire récipro-
quement.

XXV

Je vois deux personnes qui paraissent extrêmement liées d'amitié entre
elles. Si je disais à chacune d'elles tout le
mal qu'elles m'ont dit l'une de l'autre,
elles se détesteraient encore plus qu'elles
ne paraissent s'aimer.

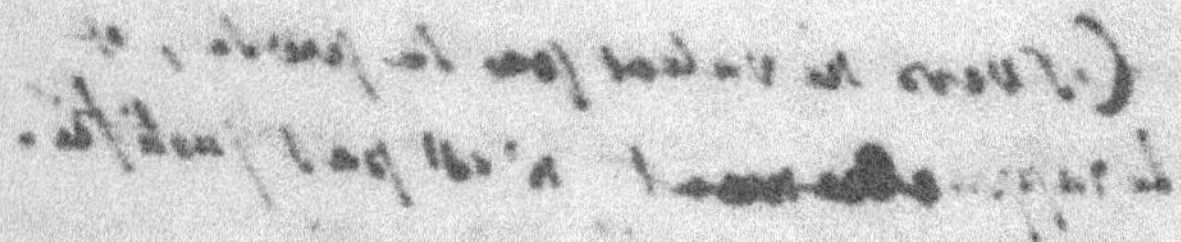

XXVI.

Il est inutile et souvent dangereux de donner un conseil à quelqu'un qui, animé par l'ardeur d'une passion, n'en écoute que les mouvemens.

Pour bien conseiller, il faut connaître le caractère de la personne qui a besoin de conseil, et attendre les circonstances favorables pour le faire recevoir, sinon avec docilité, du moins sans aigreur (1).

On ne doit avoir en vue, en conseillant, que d'opérer l'avantage des au-

(1) On conseille un ami sans se mettre à sa place :
Ce qui fait qu'on le perd, c'est qu'ordinairement
La vanité, l'humeur et le tempérament,
Suggèrent la plupart des avis qu'on lui donne :
Il vaudrait cent fois mieux ne conseiller personne.

La Chaussée.

Ces vers ne valent pas la peine, et le rapprochement n'est pas justifié.

tres, et ne mêler à cet objet aucun motif personnel.

XXVII.

On souffre patiemment d'être blâmé quelquefois quand on mérite ordinairement d'être loué.

XXVIII.

Si l'on me confie un secret, quelque peu important qu'il puisse être, je dois le garder scrupuleusement. Mais l'homme sage ne doit faire des confidences que dans le cas d'une nécessité évidente, et avec beaucoup de circonspection.

On ne se confie qu'à un ami : mais peut-on répondre qu'il ne cessera ja-

mais de l'être (1)? Si je dis un secret à
une personne, parce que je la crois
mon amie, elle se croira également au-
torisée à le révéler à un tiers qu'elle
regardera aussi comme son ami; celui-
ci le dira à un quatrième, et voilà le
secret de la comédie.

XXIX.

Le dépit que cause une inclination
méprisée, ou à laquelle l'objet aimé
ne répond point, ne demande qu'a
être apaisé; et je voudrais, si je me
trouvais malheureusement dans ce cas-
là, qu'on me prouvât que mes soupçons

(1) Quand entre les amis le secret est juré,
    Rien ne peut dispenser de ce devoir sacré.
    On doit au vice même, on doit à l'inconstance,
    Quand l'amitié finit, un éternel silence.

                              L'abbé DE VOISENON.

*il y a quelque analogie entre cette pensée et
celle de la Rochefoucauld qui vous guide de conduire
avec son ami, comme s'il devait un jour devenir
votre ennemi: pensée que réveillait Rousseau.

sont injustes et sans aucun fondement.
Je suis bien éloigné de chercher le
crime, je ne désirerais de voir que l'in-
nocence.

Au reste, le dépit n'a jamais guéri
une passion; cette cure doit être l'ouvrage de la séparation et de l'absence:
il n'y a point d'autre remède.

XXX.

Rien ne soulage plus sûrement les
peines intérieures que la liberté de se
plaindre, et de puiser de la consolation
dans le sein d'un ami. Mais il y a des
gens assez infortunés pour n'avoir pas
même cette ressource (1).

(1) Rousseau s'est souvent placé, dans ses écrits,
au nombre de ces *gens assez infortunés*; et *cette
ressource* lui fut toujours enlevée par son imagination et par ses défiances.

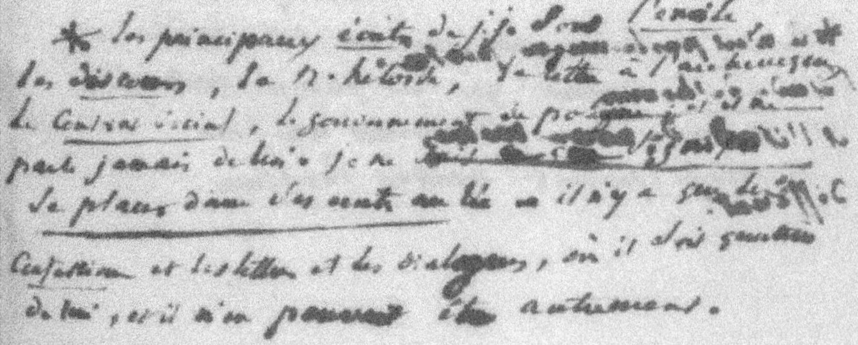

XXXI.

La base la plus solide du repos et du bonheur, c'est de ne pas les faire dépendre de ce qui ne dépend pas de nous.

Ce serait une folie que d'entreprendre de corriger les vices d'autrui, et de s'en affecter trop vivement ; il faut se borner à n'en point avoir soi-même, et du reste à prendre le temps comme il vient, et les hommes pour ce qu'ils valent.

XXXII.

Nous n'avons point d'étude plus essentielle et plus salutaire que celle de nous-mêmes (1) ; c'est ce qui nous est

(1) The proper study of mankind, is man.

Pope's *Essay on Man.*

personnellement propre, et non ce qui nous est étranger que nous devons nous appliquer à connaître; il faut nous instruire de nos défauts pour les réformer, et des dons que la nature a mis en nous pour en régler l'usage, l'objet et la fin.

XXXIII.

Pour peu qu'on veuille de bonne foi s'examiner soi-même, on s'aperçoit aisément du peu que l'on vaut, et l'on n'est pas tenté d'être fier et orgueilleux. On ne s'estime pas au-delà de ce qui convient, et on purifie son esprit et son cœur du dangereux poison de la vanité et de la hauteur.

XXXIV.

Avez-vous jamais fait attention à la

façon dont les orgueilleux se condui-
sent vis-à-vis d'autrui? avez-vous re-
marqué avec quel dédain ils vous écou-
tent, avec quelle arrogance ils ne vous
répondent que par un sourire moqueur,
ou par quelque propos insultant? On
rougit, pour eux, de leur impudente
grossièreté : eux seuls n'en rougissent
pas, et s'ils n'excitent pas beaucoup d'indignation, ce qui arrive le plus ordinairement, ils font au moins pitié.

XXXV.

Il faut mettre une grande différence
entre les défauts de l'esprit, de l'imagination et de l'humeur, et les vices du
naturel et du cœur. Les premiers produisent des caprices, des légèretés, des
entêtemens passagers; et les seconds,
des mensonges, de la dissimulation, de

l'ingratitude, et une obstination inso-
lente et indomptable. On pardonne aisément les uns, et l'on ne fait jamais de
grâce aux autres.

XXXVI.

Qu'il y aurait à gagner, pour les personnes vaines, et qui se méconnaissent,
si elles avaient le courage de s'ôter à
elles-mêmes le voile qu'elles ont devant
les yeux, et de se rappeler, de bonne
foi, ce qu'elles sont et d'où elles sont
parties pour arriver au point où elles
se trouvent! Elles se jugeraient alors
suivant les lumières de l'équité, et les
règles de la raison; et, par une con-
séquence nécessaire, elles seraient bien
éloignées de penser que tout leur est
dû, et qu'elles ne doivent rien à autrui.

XXXVII.

J'ai toujours désiré un ami qui fût un confident à qui je pusse ouvrir mon âme, un conseil dans mes délibérations, un consolateur dans mes peines, un autre moi-même par les liens de la tendresse et de la fidélité. J'ai cru, enfin, que j'avais trouvé ce trésor inestimable, mais je me suis trompé. La trahison que j'éprouve m'apprendra à ne plus me fatiguer à la poursuite d'une chimère.

XXXVIII.

On m'a fait les protestations d'attachement les plus fortes, on les a accompagnées des expressions les plus affectueuses, des promesses les plus flatteuses, des démonstrations les plus séduisantes; mais tout cela n'était qu'un langage qui paraissait dire tout, et qui ne signifiait rien : le cœur avait l'air de s'épancher en sentimens tendres et sincères, et dans le fond il ne sentait rien. J'ai enfin percé au travers de toutes ces apparences; j'ai réduit les paroles à leur véritable sens : j'ai apprécié à leur juste valeur les témoignages les plus spécieux, et je n'ai vu que de l'indifférence, de la cupidité et de la perfidie.

XXXIX.

Il n'y a rien de plus incertain et de plus fragile que les amitiés humaines. Il faut des années pour les former, et il ne faut quelquefois qu'un moment pour les détruire (1); et ce qu'un instant a

(1) *On est trompé à des amitiés de trente ans.*

Mme de Maintenon.

détruit, un siècle ne le rétablirait pas.
Les amitiés fondées sur l'honneur et sur
la vertu, ne sont pas susceptibles de cet
inconvénient.

XL.

Un de mes amis avait le cœur flétri
par les indignes traitemens qu'il éprou-
vait de la part d'une personne à laquelle il était attaché. Il était d'une tris-
tesse affreuse : on lui en demandait la
raison, et il n'avait garde de la dire. Il
me confia qu'il allait se retirer absolument des compagnies, et vivre dans la
plus grande retraite. Je lui répondis
que ce n'était pas là le remède : voyez
tout le monde, lui dis-je, excepté la
personne dont il s'agit, et vous serez
bientôt tranquille et heureux (1).

(1) Il en est des conseils comme des remèdes :

XLI.

Il est insoutenable de vivre sous un même toit avec des gens vis-à-vis desquels il faut toujours être dans la réserve, toujours dans la défiance, toujours en garde : autant vaudrait passer sa vie dans un bois au milieu des loups et des sangliers.

XLII.

On m'a cruellement offensé dans la substance du cœur, et l'on m'offense tous les jours ; mais à Dieu ne plaise que je me livre à des désirs de vengeance! Je sens que je ferais encore du bien à ceux qui m'ont fait et qui me font tant de mal ; je serais même plus disposé à faire

les uns ne conviennent pas à tous les caractères, les autres à tous les tempéraments.

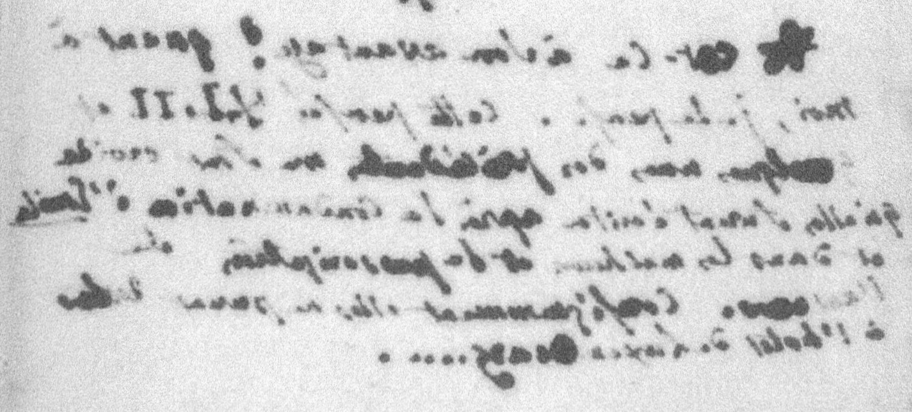

des avances, qu'à exiger des satisfac-
tions, si je croyais les rappeler à des
sentimens de justice et d'amitié; mais
j'ai tant de fois pardonné, j'ai si souvent prévenu sans succès, que je n'ai
plus le courage de renouveler des
démarches qui m'aviliraient en pure
perte (1).

XLIII.

Quel caractère plus difficile à corriger que celui d'une personne dont l'i-
magination est capricieuse et bizarre,
dont le cœur est hautain et impérieux,
dont la volonté est dure et opiniâtre,
dont les sentimens sont bas et intéres-
sés! un pareil caractère ne fera jamais
que le malheur de la personne qui en

(1) Tout le caractère de Rousseau est ici tracé
en quelques lignes.

★ est-ce à son avantage? quant à
moi, je le pense. Cette pensée §. XLII et
quelques unes des précédentes on doit croire
qu'elles étaient écrites après la condamnation d'Émile
et dans les malheurs et la proscription de
l'auteur. Conséquemment elles ne peuvent être
à l'hôtel de Luxembourg.....

(41)

est douée, et le désespoir de ceux qui
s'intéressent à elle.

XLIV.

Il n'y a de vraie félicité que dans
la paix intérieure de l'âme, et on ne
peut jouir de cette paix que par la
vertu (1).

XLV.

Quand vous verrez quelqu'un auda-
cieux et rampant, dites, sans crainte de
vous méprendre, qu'il est vicieux; et,
quand vous verrez quelqu'un modeste
et ferme, dites, avec la même sécurité,
qu'il est vertueux.

(1) Si les fripons pouvaient connaitre tous les
avantages attachés à l'habitude des vertus, ils seraient honnêtes par friponnerie.

FRANKLIN.

XLVI.

Les peines du temps présent seraient
bien peu de chose, si elles ne nous rap-
pelaient pas le souvenir des plaisirs du
temps passé. Nous ne nous plaignons de
ce qui est, que parce que nous regret-
tons ce qui n'est plus.

XLVII.

Il y a deux sortes de jalousies : l'une
est délicate, et on ne l'a que parce
qu'on ne s'estime pas assez soi-même ;
l'autre est grossière, et on ne l'a que
parce qu'on n'estime pas assez l'objet
qu'on aime : celle-ci est une injure, et
l'autre une preuve d'attachement.

XLVIII.

Le moyen peut-être le plus sûr et le

plus efficace pour calmer une grande douleur, est de s'y livrer sans résistance.

XLIX.

La meilleure de toutes les habitudes serait de n'en contracter aucune, et d'être absolument indépendant et dégagé de tout. Il n'y a qu'un homme éclairé, sage et courageux qui puisse acquérir cet empire sur lui-même.

L.

Plus on a de passions, moins on est libre (1). Elles font naître les besoins,

(1) Passions, sources de délices !
    Passions, sources de supplices !
    Cruels tyrans, doux séducteurs !
    Sans vos fureurs impétueuses,

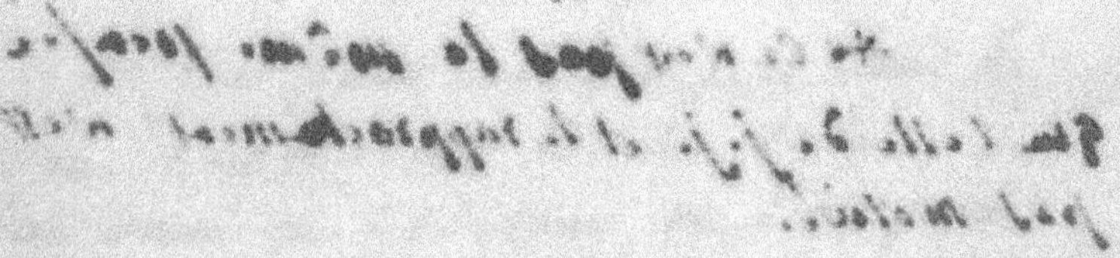

et ceux-ci ne sont jamais sans le désir de les satisfaire.

LI.

Nous avons trois sortes de liens :

Les premiers sont tissus par la nature, et inévitables : telle est la soumission d'un fils à son père ;

Les seconds dépendent du sort, soit qu'on l'ait mérité ou non ; et il est permis de chercher à s'en délivrer : telle est la pauvreté, etc., etc. ;

Les troisièmes proviennent de nos liaisons et de nos engagemens. Si l'honneur et les lois ont consacré ces engagemens, il faut se soumettre aux chaî-

Sans vos amorces dangereuses,
La paix serait dans tous les cœurs.

J.-B. ROUSSEAU.

* Ce n'est pas la même pensée que celle de j. j. et le rapprochement n'est pas motivé.

nes qu'ils imposent : tel est l'état du mariage, etc., etc.

Mais, si ce sont des engagemens inutiles ou nuisibles, auxquels trop de complaisance et de bonne foi ont donné lieu, on n'a rien de mieux à faire que de les sacrifier à la liberté, et de se soustraire absolument, et sans retour, aux caprices, à la bizarrerie, à la fausseté et à l'ingratitude d'autrui.

LII.

On ne parle jamais bien que lorsqu'on sent ce qu'on dit. *

La nature a mis dans le sentiment une persuasion que les paroles n'opèrent point, et que l'art ne saurait imiter.

Il n'y a rien de vrai et d'expressif que

* c'est pour cela que J. J. écrit si bien. c'est le secret de son talent. je suis étonné que l'éditeur de l'art peut [...] remarques. en revanche il [...] de citer une pensée de Ciceron qui a de l'analogie avec celle-là -

ce qui part du cœur (1) : on le voit et
on l'entend, sans le secours même de la
voix et des oreilles.

LIII.

De toutes les vertus, la plus admira-
ble est le pardon des injures, quand on
est le maître de se venger (2).

On n'a une âme généreuse qu'autant
qu'on sait mépriser ce qui ordinairement produit l'indignation, ou du moins
n'y faire qu'une attention légère.

LIV.

Qu'est-ce qu'un impertinent? c'est un
sot, si rempli de lui-même, qu'il compte
les autres pour rien.

(1) Pectus est quod disertum facit.   Cic.

(2) Massillon a fait son plus beau sermon sur la
plus belle des vertus, *le pardon des injures.*

LV.

Combien de gens profanent le nom et l'usage de l'amitié! Dans les uns, ce n'est que l'art du mensonge et de l'intérêt, dans les autres, un stratagème pour parvenir plus sûrement à leurs fins.

Il vaut infiniment mieux être seul et isolé, que d'ouvrir son âme à de pareils amis.

LVI.

Pour conserver un ami, il faut devenir soi-même capable de l'être.

Une personne qui rapporte tout à elle, qui n'aime que relativement à sa convenance particulière, doit renoncer aux douceurs et aux avantages de l'amitié.

LVII.

Il n'y a que des sentimens purs et
honnêtes qui puissent former les
nœuds de l'amitié; mais l'intérêt les
désunit.

LVIII.

Avoir trop bonne opinion de soi, c'est
une petitesse honteuse, qui tôt ou tard
rend malheureux.

LIX.

Ce n'est pas en exerçant l'empire sur
les autres, c'est en dominant sur soi-
même qu'on peut uniquement se flatter
de parvenir au bonheur.

LX.

La naissance et les dignités sont de

vains titres que le hasard procure (1).
C'est par les sentimens qu'il faut être
noble et grand. Il n'y a que la vertu
qui mérite l'admiration et le respect des
hommes.

LXI.

Le mariage est le lien le plus général
et le plus étendu de la société; mais il
s'en faut bien que ce soit toujours celui
qui unit le plus sincèrement un homme
avec une femme.

LXII.

Les personnes les plus inconstantes se
piquent quelquefois d'une opiniâtreté
à toute épreuve; mais leur légèreté et

(1) Qu'on se trouve, en naissant, au trône ou dans la boue,
C'est un coup du hasard dont le destin se joue.

T. Corneille.

4

leur entêtement prouvent également leur faiblesse.

LXIII.

Rien n'est ordinairement plus difficile que d'engager l'amour-propre à une démarche qu'il a d'abord refusé de faire.

LXIV.

Il y a des gens qui aiment mieux tout risquer et tout perdre par orgueil, que de reconnaître leurs torts, et de se rétracter avec prudence et simplicité.

LXV.

Un homme sage est également éloigné et de la faiblesse qui croit sans discernement, et du pyrrhonisme qui se fait un pitoyable mérite de ne rien croire.

LXVI.

C'est par les œuvres qu'on connaît le caractère. On a beau me dire qu'on a le cœur excellent, quand je ne vois ni la candeur qui le caractérise, ni la complaisance qui en est un attribut, ni aucun de ces mouvemens si expressifs du sentiment qui cherche à plaire, et qui craint d'offenser. On cherche inutilement à affecter ces tendres impressions de l'âme, quand on ne les éprouve pas; et il n'y a que des imbéciles qui puissent être long-temps la dupe de la dissimulation et de la fausseté.

LXVII.

Nous ne devons jamais trouver mauvais qu'on n'ait pas de goût pour nous.

Il y a des sympathies et des antipa-
thies naturelles que nous éprouvons
tous (1). On voit une personne, et sans
savoir quelles sont les qualités de son
esprit et de son cœur, on se sent porté
d'inclination pour elle, ou l'on sent
une répugnance à se lier avec elle. Il
serait fort difficile de se rendre raison
à soi-même de cet attrait ou de cet
éloignement.

Mais rien ne doit nous empêcher
d'observer du moins, à l'égard de ceux
que nous ne nous sentons pas disposés

(1) Il est de certains nœuds dont le secret pouvoir
Attache un cœur à l'autre avant que de se voir.
Il est des nœuds secrets, il est des sympathies,
Dont, par le doux rapport, les âmes assorties,
S'attachent l'une à l'autre et se laissent piquer
Par ces je ne sais quoi qu'on ne peut expliquer.

P. CORNEILLE, *Rodogune.*

à aimer, ce que les devoirs communs de l'humanité et une éducation honnête exigent de tout le monde. Il faut s'en tenir là; et rien ne serait si criminel et si monstrueux, que de témoigner, à ces personnes, des sentimens que nous n'avons pas dans le cœur, et de leur faire illusion par des apparences trompeuses.

LXVIII.

Si l'on faisait une sérieuse attention au caractère de la plupart des hommes et des femmes, on remarquerait aisément que les personnes qui s'admirent avec le plus de facilité, sont celles qui sont le moins affectées des sentimens qu'on leur suppose.

LXIX.

Il n'y a personne qui n'ait des dé-

fauts, mais ils sont excusables quand ils
sont du moins compensés par quelques
vertus (1).

LXX.

Pourquoi manque-t-on souvent l'objet qu'on a en vue? c'est parce qu'on
ne compare pas les moyens à la fin qu'on
se propose. On prend une mauvaise
route, et un orgueil opiniâtre empêche
de rentrer dans le bon chemin. On voudrait que tout pliât sous l'empire ab-
solu d'une humeur fière et impérieuse.
Les événemens produisent enfin l'hu-
miliation et le repentir, mais il n'est plus
temps (2).

(1) Vitiis sine nemo nascitur, optimus ille est qui
minimis urgetur. *

(2) Fier insecte, ver indocile,
 Quel espoir ose enfler ses vœux?
 De la terre habitant fragile,

* Erudition perdue. la Compensation par quelques
Vertus, dit plus que l'absence des vices. Entre le
vice et l'adverti, il y a l'indifférence. l'auteur latin
semble ne paraît admettre la Vertu.

LXXI.

L'esclavage le plus dur est certainement celui d'une passion dont on voudrait, et dont on ne peut se délivrer.

LXXII.

L'ami véritable donne son cœur sans réserve, sans condition, et uniquement parce qu'il aime. Il a la sincérité, la délicatesse, les transports, la fidélité du sentiment.

Le faux ami n'aime que relativement à son propre intérêt; et si la cupidité le-

> Se croit-il l'arbitre des dieux !
> Quoi ! son berceau touche à sa tombe !
> Échappé du néant, il tombe
> Dans les abîmes du cercueil ;
> Ses jours sont des éclairs rapides,
> Qu'engloutissent des nuits avides :
> Quel espace pour tant d'orgueil !
>
> Le Brun.

lui conseille, il devient ingrat et parjure.

LXXIII.

Plus on a de sentimens, plus on s'aperçoit qu'on n'en trouve que très-rarement ailleurs. La comparaison qu'on fait de soi aux autres est un amour-propre raisonnable et nécessaire, qui dédommage du peu de retour qu'on éprouve dans l'amitié; et c'est une espèce de consolation, lorsqu'on est affligé, de ne trouver que de l'indifférence de la part de ceux sur le cœur de qui on avait des droits bien fondés.

LXXIV.

Tout ce qui séduit dans l'extérieur, n'est souvent qu'une grimace dangereuse et funeste. Les dehors spécieux de probité, d'amitié et d'attachement ressemblent à ces légères vapeurs qui

paraissent sur les collines immédiate-
ment avant le lever du soleil, et que les
premiers rayons de la lumière dissipent
entièrement. On ne trouve plus qu'un
roc sec et stérile, que des vapeurs cou-
vraient (1).

LXXV.

On a beau vouloir dissimuler ses
vues et ses intentions secrètes, le mas-
que tombe tôt ou tard. La cause se ma-
nifeste par les effets; un caractère em-
prunté se dément enfin, parce qu'il
n'a pas ces symptômes de vérité qui
sont un don précieux de la nature.

(1) Les hommes de tout temps jugeant sans connaissance,
    Par un faux éclat prévenus,
    Ont souvent pris pour des vertus
    Ce qui n'en a que l'apparence.
                    PAVILLON.

LXXVI.

Je ne me fierai plus ni à l'air, ni aux paroles des hommes : j'y ai été trop indignement trompé. J'apprendrai, par une longue expérience, et par l'examen le plus réfléchi, à qui je puis sûrement donner toute mon amitié et toute ma confiance; et quand j'aurai découvert ce précieux trésor, je commencerai à être véritablement heureux (1).

LXXVII.

Les soins qu'on se donne pour plaire à quelqu'un qu'on n'aime pas, sont tou-

(1) Rousseau ne put trouver ce trésor qu'il chercha toujours, et qui fut le besoin, le tourment, et l'erreur de sa vie. — *Ce n'est que trop vrai*

jours des efforts inutiles ; mais quand
on aime, on plaît sûrement sans peine
et sans embarras.

FIN.

MOEURS ET CARACTÈRE.

Notes

DE J. J. ROUSSEAU.

Moeurs et Caractère.

Notes manuscrites.

1.

Je ne sais si la bibliothèque est un meuble à mon usage (1).

2.

Je ne crois devoir à personne plus de ménagement qu'à moi-même.

3.

Je n'ai jamais connu l'ennui, même

(1) M. Desjobert, ancien grand-maître des eaux et forêts, à qui ce manuscrit a appartenu, écrivit à la suite de cette réflexion : *Oui, car ses ouvrages moraux sont des extraits de Cicéron, Sénèque, Montaigne, Charron, Plutarque, qu'il*

* M. Desjobert a écrit une sottise qui, pour avoir été répétée l'on est, et n'en restera pas moins une sottise. Je conseille à ces messieurs de faire des extraits comme l'Émile, et de dénaturer les ouvrages des autres, comme a fait R. — Du reste il est bien prouvé qu'il n'avait pas de Bibliothèque. Dans plusieurs lettres de sa correspondance on le voit emprunter l'ouvrage qu'il veut lire. Il ne possédait même pas son cher Plutarque.

Moeurs et Caractère.

Confessions.

1.

J'ignore s'il a une bibliothèque, et si c'est un meuble à son usage (1).

2.

Malgré le sentiment de mes vices, j'ai pour moi une haute estime.
4ᵉ Lettre à M. de Malesherbes, 1762.

(1) Rousseau parle ici de M. *Laliaud*, de Nîmes. Voy. la notice qui le concerne, dans l'*Histoire de la vie et des ouvrages de J. J. Rousseau*, par M. D. MUSSET PATHAY, ouvrage plein de recherches et d'intérêt. Ce langage [...] rend bien ingrat... Sed magis amica veritas. M. de Villenave qui a certainement beaucoup plus de mérite que je n'ai la prétention d'en avoir, a voulu donner à ce recueil le plus haut degré d'intérêt dont il peut être susceptible... De là décider la question de savoir si les pensées n'étaient pas toutes de lui; bien, contre tout son intérêt, contre toute raison, toute évidence, ce recueil que le projet ou ébauche du matérialisme du sage qui ont été le plus important des ouvrages de Rousseau.

dans le plus parfait désœuvrement :
mon imagination remplissant tous les
vides, suffit pour m'occuper. Il n'y a
que le bavardage inactif de chambre,
assis les uns vis-à-vis des autres, à ne
mouvoir que la langue, que je n'ai jamais pu supporter. Quand on marche,
qu'on se promène, encore passe. Sitôt
que je m'arrête, je ne pense plus : ma
tête ne va qu'avec mes pieds.

4.

CENSURE DE LA SORBONNE.

De quoi se mêlait-elle? voulait-elle

a très-adroitement employés. Réduire la plupart
des ouvrages de Jean-Jacques à de simples *extraits
très-adroitement employés,* c'est une très-mala-
droite exagération. Mais Rousseau n'avait-il pas

4.

CENSURE DE LA SORBONNE.

De quoi pouvait se mêler la Sor-
bonne dans cette affaire? Voulait-elle
assurer que je n'étais pas catholique?
Tout le monde le savait. Voulait-elle

Notes manuscrites.

assurer que je n'étais pas catholique?
Tout le monde le savait. Voulait-elle
prouver que je n'étais pas bon calviniste? c'était prendre un soin bien sin-
gulier; c'était se faire les substituts de
nos ministres.

5.

Portrait de milord Maréchal.

Il n'est pas sans défauts : c'est un
sage, mais c'est un homme. Avec l'es-

exagéré lui-même en disant ne pas savoir si une bibliothèque était *un meuble à son usage?* il ne paraît pas avoir jamais eu de bibliothèque. Il pouvait
connaître peu de livres; mais ils furent bien choisis,
et il les avait bien lus.

Confessions.

prouver que je n'étais pas bon calviniste?
que lui importait? C'était prendre....
Le reste comme dans le manuscrit.

CONFESS., *ann.* 1762.

5.

Portrait de milord Maréchal.

Milord Maréchal n'est pas sans *défaut* ;
c'est un sage, mais c'est un homme. Avec
l'esprit le plus pénétrant, *avec* le tact le
plus fin qu'il soit possible d'avoir, avec
la plus profonde connaissance des hommes, il se laisse abuser quelquefois, et
n'en revient pas. Il a l'humeur singu-

5.

Notes manuscrites.

prit le plus pénétrant, le tact le plus fin qu'il soit possible d'avoir, avec la plus profonde connaissance des hommes, il se laisse abuser quelquefois, et ne revient pas. Il a l'humeur singulière, quelque chose de bizarre, d'étranger dans son tour d'esprit. Il paraît oublier les gens qu'il voit tous les jours, et se souvient d'eux au moment qu'ils y pensent le moins. Ses attentions paraissent hors de propos ; ses cadeaux sont de fantaisie et non de convenance. Il donne ou envoie à l'instant ce qui lui passe par la tête, de grand prix ou de nulle valeur, indifféremment.

6.

Depuis que j'ai perdu le sommeil, je l'ai peu regretté. L'oisiveté me suffit,

Confessions.

lière, quelque chose de bizarre, *et* d'é-
tranger dans son tour d'esprit....
Le reste comme dans le manuscrit.

CONFESS., *ann.* 1762.

6.

J'ai toujours peu regretté le sommeil.

Notes manuscrites.

et pourvu que je ne fasse rien, j'aime
encore mieux rêver éveillé qu'en songe.

7.

Je n'aime pas la compagnie, où l'on
ne fait rien; et j'aime la solitude pour
ne rien faire. N'est-ce pas une contradiction? S'il y en a, elle est du fait de
la nature, et non pas du mien : mais il
y en a si peu, que c'est par là précisément que je suis toujours moi.

Confessions.

L'oisiveté...
Le reste comme dans le manuscrit.

CONFESS., ann. 1765.

7.

*Ceux qui me reprochent tant de con-
tradictions ne manqueront pas ici de
m'en reprocher encore une. J'ai dit que
l'oisiveté des cercles me les rendait insupportables, et me voilà recherchant la
solitude, uniquement pour me livrer à
l'oisiveté. C'est pourtant ainsi que je
suis.* S'il y a *là de la* contradiction, elle
est du fait de la nature, et non pas du
mien : mais il y en a si peu, que c'est
par là précisément que je suis toujours
moi.

ibid.

Notes manuscrites.

8.

L'oisiveté des cercles est tuante, parce qu'elle est de nécessité; celle de la solitude est charmante, parce qu'elle est libre et de volonté. Dans une compagnie, il m'est cruel de ne rien faire, parce que j'y suis forcé, ayant tout à la fois l'ennui de l'oisiveté, et le tourment de la contrainte; obligé d'être attentif à tout ce qui se dit, et de fatiguer mon esprit, pour placer quelques mots. Vous appelez cela de l'oisiveté, c'est un tourment de forçat.

Confessions.

8.

L'oisiveté des cercles est tuante, parce qu'elle est de nécessité ; celle de la solitude est charmante, parce qu'elle est libre et de volonté. Dans une compagnie, il m'est cruel de ne rien faire, parce que j'y suis forcé. *Il faut que je reste là cloué sur une chaise ou debout, planté comme un piquet, sans remuer ni pied ni patte, n'osant ni courir, ni sauter, ni chanter, ni crier, ni gesticuler quand j'en ai envie ; n'osant pas même rêver,* ayant *à la fois tout* l'ennui de l'oisiveté, et *tout* le tourment de la contrainte ; obligé d'être attentif à *toutes les sottises qui se disent et à tous les complimens qui se font,* et de fatiguer *incessamment ma Minerve*

Notes manuscrites.

9.

J'ai dit que l'oisiveté des cercles me les rendait insupportables ; et je recherche la solitude uniquement pour me livrer à l'oisiveté.

10.

Vivre sans gêne dans un loisir éternel, est la vie des bienheureux dans

Confessions.

pour ne pas manquer de placer *à mon tour mon rebus et mon mensonge; et* vous appelez cela de l'oisiveté ! c'est un *travail* de forçat.

Confess., ann. 1765.

9.

J'ai dit que l'oisiveté des cercles me les rendait insupportables, et *me voilà recherchant* la solitude uniquement pour me livrer à l'oisiveté.

ibid.

10.

Il ne me restait pour dernière espérance que celle de vivre sans gêne, dans

Notes manuscrites.

le ciel (1); j'en faisais mon bonheur suprême dans ce monde-ci.

II.

Je ne trouve pas de plus doux hommage à la Divinité que l'admiration
muette qu'excite la contemplation de
ses œuvres. Je ne puis comprendre comment des campagnards, et surtout des
solitaires peuvent ne pas avoir de foi;
comment leur âme ne s'élève pas cent

(1) Première leçon du manuscrit, raturée par
l'auteur : « Vivre sans gêne dans un *commerce*
éternel *avec* des bienheureux dans le ciel, etc. »

Confessions.

un loisir éternel. *C'est* la vie des bienheureux dans *l'autre monde*, *et* j'en
faisais *désormais* mon bonheur suprême
dans *celui-ci.*

CONFESS., *ann.* 1765.

II.

Je ne trouve *point* de plus *digne*
hommage à la Divinité que *cette* admiration muette qu'excite la contemplation de ses œuvres, *et qui ne s'exprime
point par des actes développés. Je com-
prends comment les habitans des villes
qui ne voient que des murs, des rues et
des crimes, ont peu de foi ; mais* je ne
puis comprendre comment des campagnards, et surtout des solitaires peu-

Notes manuscrites.

fois le jour, avec extase, à l'auteur des merveilles qui les frappent. Dans ma chambre, je prie plus rarement et sèchement : mais à l'aspect d'un beau paysage, je me sens ému.

Confessions.

vent *n'en point avoir.* Comment leur
âme ne s'élève-*t-elle* pas cent fois le
jour, avec extase, à l'auteur des merveilles qui les frappent? *Pour moi,
c'est surtout à mon lever, affaissé par
mes insomnies, qu'une longue habitude
me porte à ces élévations de cœur qui
n'imposent point la fatigue de penser;
mais il faut pour cela que mes yeux
soient frappés du ravissant spectacle de
la nature.* Dans ma chambre je prie
plus rarement et sèchement : mais à
l'aspect d'un beau paysage, je me sens
ému *sans pouvoir dire de quoi.*

Confess., ann. 1765.

Notes manuscrites.

12.

Une vieille femme, pour toute prière, ne savait dire que Oh!... l'évêque lui dit : « Bonne femme, continuez de prier « ainsi, votre prière vaut mieux que « les nôtres. » Cette meilleure prière est aussi la mienne.

13.

L'oisiveté que j'aime n'est pas celle d'un fainéant qui reste les bras croisés dans l'inaction, et ne pense pas plus qu'il n'agit. C'est à la fois celle d'un

Confessions.

12.

J'ai lu qu'un sage évêque, *dans la vi-*
site de son diocèse, *trouva* une vieille
femme *qui*, pour toute prière, ne savait dire que Oh! *il* lui dit : « Bonne
« *mère*, continuez de prier *toujours*
« ainsi, votre prière vaut mieux que
« les nôtres. » Cette meilleure prière
est aussi la mienne.

Confess. , ann. 1765.

13.

L'oisiveté que j'aime n'est pas celle
d'un fainéant qui reste là les bras croisés
dans *une* inaction *totale*, et ne pense
pas plus qu'il n'agit. C'est à la fois celle

6

Notes manuscrites.

enfant qui est toujours en mouvement pour ne rien faire, et celle d'un radoteur dont la tête bat la campagne sitôt que ses bras sont en repos. J'aime à m'occuper sans cesse, à faire des riens, à commencer cent choses et n'en achever aucune, à aller et venir comme la tête me chante, à changer à chaque instant de projet, à suivre une mouche dans toutes ses allures, à vouloir déraciner un rocher, à entreprendre sans crainte un travail de dix ans, et à l'abandonner au bout de dix minutes; à muser enfin toute la journée sans ordre et sans suite, et ne suivre en toute chose que le caprice du moment.

Confessions.

d'un enfant qui est *sans cesse* en mouvement pour ne rien faire, et celle
d'un radoteur *qui* bat la campagne,
tandis que (1) ses bras sont en repos.
J'aime à m'occuper à faire des riens,
à commencer cent choses et n'en achever aucune, à aller et venir comme la
tête me chante, a changer à chaque
instant de projet, à suivre une mouche
dans toutes ses allures, à vouloir déraciner un rocher *pour voir ce qui est des-
sous*, à entreprendre *avec ardeur* un
travail de dix ans, et à l'abandonner
sans regrets au bout de dix minutes ; à

(1) Variante citée en note dans l'édition de Du-
pont : « Un radoteur dont la tête bat la campagne
sitôt que ses etc. »

6.

14.

Les après-diners , je me livrais totalement à mon humeur oiseuse et nonchalante, et à ne suivre sans règle que l'impulsion de la fantaisie.

FIN.

Confessions.

muser enfin toute la journée sans ordre et sans suite, et *à* ne suivre en
toute chose que le caprice du moment.
Confess., *ann.* 1765.

FIN.

D

E

FIN DE LA TABLE.

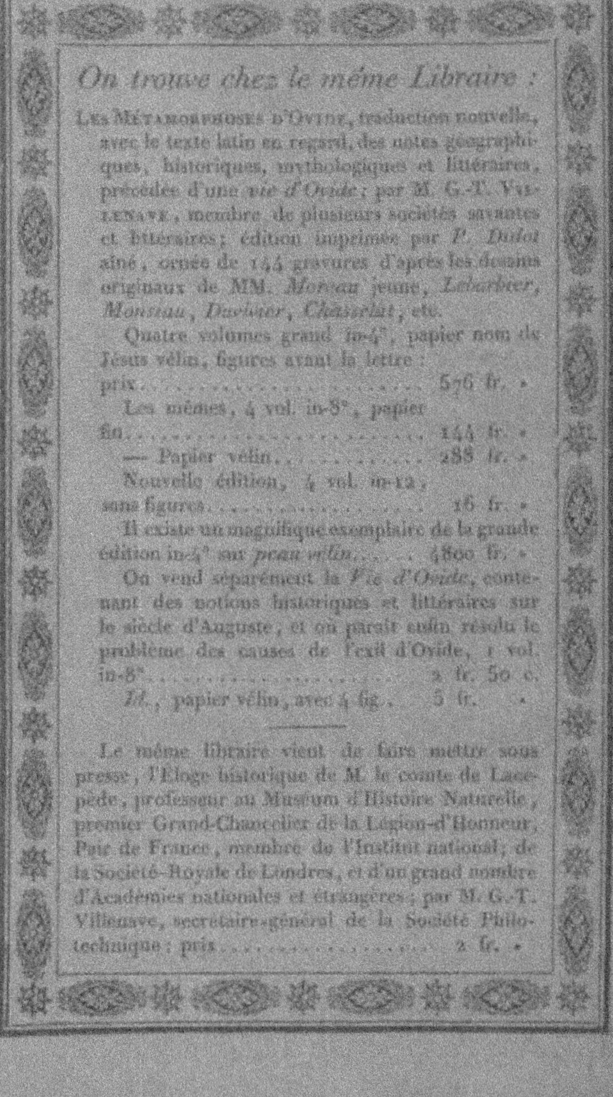

www.ingramcontent.com/pod-product-compliance
Ingram Content Group UK Ltd.
Pitfield, Milton Keynes, MK11 3LW, UK
UKHW022043170726
13837UKWH00002B/760